TOBIA CLIPBOOKS 01

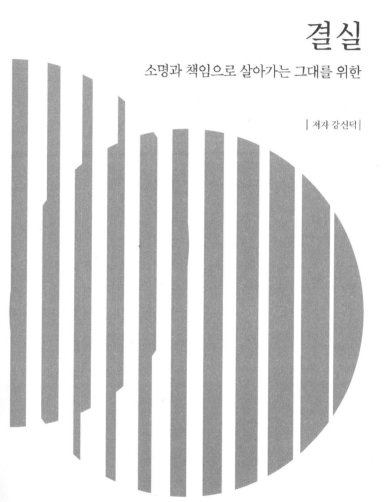

결실

소명과 책임으로 살아가는 그대를 위한

| 저자 강신덕 |

도서출판사 TOBIA

TOBIA CLIPBOOKS 01

결실

소명과 책임으로 살아가는 그대를 위한

1판 1쇄: 2019년 9월 20일

저자: 강신덕
편집/디자인: 오인표
사진: Alexfilm
홍보/마케팅: 김일권 지동혁
펴낸이: 오세동
펴낸곳: 도서출판 토비아
등록: 426-93-00242
주소: (04041) 서울특별시 마포구 와우산로 73(홍익빌딩 4층)
        T 02-738-2082 F 02-738-2083

ISBN: 979-11-89299-15-6 04230
        979-11-89299-13-2 (세트)

결실

소명과 책임으로 살아가는 그대를 위한

| 저자 강신덕 |

도서출판사 **TOBIA**

Photo by Alexfilm

오인표 전도사는 Alexfilm이란 닉네임으로 사진활동을 이어가고있다. 이 책에 실린 그의 사진들은 2017년 말, 모든 사역을 내려놓고 런던에서 37일 동안 여행 중에 찍은 사진이다.

#Alexfilm #London

Contents

Prologue

이 글을 쓰면서 슬프기 짝이 없는 뉴스를 접했습니다. 젊은 엄마 아빠가 아기를 학대하고 방치하다가 결국 죽음으로 몰았다는 소식입니다. 그 젊은 엄마 아빠는 수고하여 아기를 키우는 일보다 게임의 점수가 더 중요했던 모양입니다. 아니면 그 정도는 아니더라도, 순간순간 전해지는 게임의 희열에 비교하여 오랜 시간 아이를 키워내는 일이 그들에게 너무 어려운 것이라고 생각했을 수도 있습니다. 그렇게 참 부모살이로부터 멀어진 그들이 인생 어느 때 부모다움으로 돌아올 수 있을지 모르겠습니다.

우리는 여러 날 수고하여 결실을 얻는 일의 가치가 가벼이 여겨지는 세상을 살고 있습니다. 세상은 오랜 시간 노력하고 정성을 들여 결실하기(fruiting)보다는 빠른 시간 내에 원하는 상품을 생산하기(producing)가 더 낫다고 가르칩니다. 사실 이 둘은 비교할 것이 아닙니다. 하나님께서 창조하시고 섭리하시는 모든 인생은 생산하기 보다는 결실하기의 사명이 각자에게 주어져있기 때문입니다. 제아무리 세속적인 생산하기에 몰두하고 전념하는 인생이라 할지라도 그 각자에게는 결실하는 사명이 새겨져 있습니다.

부르심과 믿음, 사랑과 소망 그리고 인내의 삶, 이 모든 덕목은 우리가 이미 잘 아는 것들입니다. 중요한 것은 그 깊은 깨달음 그리고 결단입니다. 편벽하여 외골수 같은 세속의 삶에서 생산하는 일의 덧없는 수고보다는 깊고 풍성하게 결실하여 자라게 하는 삶의 가치를 깨닫는 일이 필요합니다.

이 책은 성경의 말씀들, 그리고 기독교 전통의 지혜를 영적 통찰들로 묶었습니다. 그리고 결실하는 삶의 가치를 누리고자 하는 분에게 동행을 제안합니다. 결실을 위한 단계들을 밟아 나가는 동안 우리 인생에서 중요한 것이 무엇인지 깊이 깨닫고 나누는 시간이 되시기를 바랍니다.

소명의 결실

소명과 책임으로 살아가는
그대를 위한

01

어느 날 한 청년이 찾아왔습니다. 그는 매우 당당한 어투로 "짧게 일하고, 길게 노는 것이 과연 성서적인가"에 대해 물었습니다. 그의 물음이 순수하게 느껴지진 않았지만, 그 때 저는 아주 겸허한 표정으로 단순한 답을 내놓았습니다. "우리가 믿는 하나님은 짧게 일하고 길게 놀거나, 길게 일하고 짧게 놀거나 상관하지 않으십니다."고 말입니다. 이 답을 들은 청년은 다소간 아쉬움을 표했습니다. 그가 말한 바로, 오랫동안 그가 교회로부터 배운 것에 의하면, 유희하는 것은 부정적이고 신실하게 한 가지 일을 오래 노동하는 것은 좋은 것이었습니다. 혹, 하나님께서 짧게 일하고 길게 노는 자신의 삶을 부정하신다면, 이제 그런 신을 믿지 않겠노라고 선언하려 했던 모양입니다. 아쉬워하는 그의 표정을 살피며 저는 말을 이었습니다. "짧게 일하든, 길게 일하든 중요한 것은 목적입니다. 중요한 것은 하나님께서 우리를 그런 삶으로 부르신 목적을 아는 것입니다." 청년은 그제서야 자신이 진정 고민해야 하는 것이 무엇인지 알게된 듯 표정이 밝아졌습니다. 무엇을 하든 정당하고 타당한 목적과 이유가 분명한 것이 중요합니다. 그 목적과 이유를 우리는 '부르심'이라고 말합니다.

02

모든 인생에는 하나님의 부르심이 있습니다. 하나님의 부르심은 구체적인 사명과 일로 이어지고, 그 일에 헌신하여 사는 인생에는 적절한 열매가 주어집니다. 그런데 하나님의 부르심의 열매는 우리가 생각하는 즉석의 결과물이 아닙니다. 하나님의 부르심은 길고 긴 역사의 부르심입니다. 하나님의 부르심은 창조로부터 타락, 세상 구원을 이루신 십자가 사건, 그리고 종말을 향하는 역사의 어느 한 부분에서 발생합니다. 하나님의 부르심은 이렇게 긴 역사 어딘가에 존재합니다. 짧은 인생을 사는 우리에게 그 부르심의 결과는 보이지 않을 수 있습니다. 하나님의 역사는 길고 부르심을 받은 우리의 인생은 짧은 탓입니다. 그래서 부르심의 결실은 믿음입니다. 오늘 부르신바 사명을 완수하기 위하여 수고로이 분투하는 일에는 우리가 볼 수 없는 결과에 대한 믿음이 필요합니다. 즉, 하나님께서 당신의 계획대로 선한 결과를 이루시리라는 믿음 말입니다.

"I am trying to teach my mind to bear
the long, slow growth of the fields, and
to sing of its passing while it waits."

"나는 들판의 곡식이 긴 시간, 천천히 자란다는 것을 잘 받아
들이고, 그 자라는 것을 기다리는 가운데 하루하루를 노래하
도록, 그렇게 스스로에게 주문합니다."

유진 피터슨 Eugene H. Peterson
(Eat This Book: A Conversation in the Art of Spiritual Reading)

03

나무를 심는 사람들은 그들이 심은 나무들이 푸른 숲을 이루는 놀라운 결과를 보지 못할 수 있습니다. 나무를 심는 일과 푸른 숲이 우거지는 일 사이에는 긴 호흡으로 기다려야 하는 지난한 시간이 있습니다. 유럽의 교회 건축에서도 이와 비슷한 기다림을 볼 수 있습니다. 최근까지 지어지고 있는 스페인의 사그라다 파밀리아 Sagrada Familia가 그렇습니다. 스페인의 건축가 안토니 가우디Antoni Gaudi는 그의 평생을 이 성당을 짓는 일에 바쳤습니다. 그는 성당 짓는 모든 일이 그의 생애 안에 완성되지 않을 수도 있다는 것을 잘 알았습니다. 그럼에도 불구하고 가우디는 불의의 교통사고를 당하기까지 마치 수도사처럼 최선을 다해 성당 짓는 일에 전념했습니다. 그에게는 성당 짓는 사명이 하나님께서 주신 사명이라는 믿음이 있었습니다. 다만 그는 자신의 마음과 소명을 이어받아 자신과 같은 믿음으로 마음을 이어 성당을 완성해 나갈 후대가 있기를 바랐습니다. 언젠가 우리는 가우디의 믿음으로 가득한 소명의 결실을 보게 될 것입니다. 가우디는 부르심의 결실은 신실한 믿음이라는 것을 삶으로 보여준 사람이었습니다.

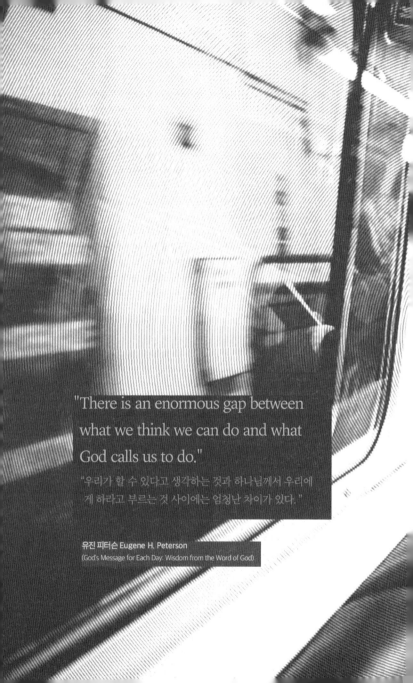

"There is an enormous gap between what we think we can do and what God calls us to do."

"우리가 할 수 있다고 생각하는 것과 하나님께서 우리에게 하라고 부르는 것 사이에는 엄청난 차이가 있다."

유진 피터슨 Eugene H. Peterson
(God's Message for Each Day: Wisdom from the Word of God)

"이제 가라 이스라엘 자손의 부르짖음이 내게 달하고
애굽 사람이 그들을 괴롭히는 학대도 내가 보았으니
이제 내가 너를 바로에게 보내어 너에게
내 백성 이스라엘 자손을 애굽에서 인도하여 내게 하리라"

출애굽기 3장 9~10절

04

긴 호흡으로 부르심의 사명을 살아간 전형은 아마도 모세일 것입니다. 모세는 자신의 믿음을 이스라엘 백성들을 위해 헌신하는 삶으로 보여준 인물입니다. 모세는 활활 타오르는 떨기나무, 그러나 소멸되지 않는 나무 앞에서 하나님의 부르심을 들었습니다. 하나님께서는 애굽의 고통스런 현실로부터 이스라엘 백성들을 구원해내는 일에 모세를 도구로 사용하고자 하셨습니다. 창조의 때로부터 모세를 지나 당신의 백성을 구원으로 인도하는 사명의 기나긴 시간 한 코너를 돌아서는 순간이었습니다. 처음 모세는 광야와 같은 인생의 한 구석에서 하나님의 부르심을 이해하지 못했습니다. 그러나 모세는 그의 조상 아브라함과 이삭 그리고 야곱으로부터 자신에게까지 이어진 하나님의 부르심 앞에 곧 순복했습니다. 그는 하나님의 부르심 앞에 순종하며, 그에게 주어진 이스라엘 구원과 가나안으로 인도하는 기나긴 사명의 여정을 시작했습니다.

모세의 사명은 애굽 땅에서 나온 후 단 몇 개월에 완성되지 않았습니다. 그의 사명은 이후 40여년의 세월이 흐른 뒤 이스라엘 백성의 최종 목적지 가나안에 도착해야 완성되는 것이었습니다. 안타깝게도 모세는 자신의 평생 사명이 성취되는 순간을 보지 못했습니다. 모세의 끝은 가나안에 들어서기 바로 전 요단 동편 모압 평지였습니다. 그는 거기까지였습니다. 모세는 평생의 부르심이요 사명인 이스라엘의 가나안 정착을 목격하지 못했습니다. 그는 멀리서 그의 사명이 완성될 곳, 가나안을 바라볼 뿐이었습니다. 모세는 느보 산에 서서 하나님께서 자신이 사랑하는 이스라엘을 안전하게 정착하도록 인도하시기 위해 기도했습니다. 그리고 그는 이스라엘 백성에게 이렇게 외쳤습니다. "이스라엘이여 너는 행복한 사람이로다 여호와의 구원을 너 같이 얻은 백성이 누구냐 그는 너를 돕는 방패시오 네 영광의 칼이시로다 네 대적이 네게 복종하리니 네가 그들의 높은 곳을 밟으리로다"(신 33:29). 모세는 하나님께서 끝내 이스라엘 백성을 가나안에 정착시키시리라는 믿음으로 이 말씀을 외쳤습니다.

"We must be ready to allow ourselves to be interrupted by God."

"우리는 하나님께서 우리 삶에 개입하도록 허락할 준비가 되어 있어야 합니다."

디트리히 본회퍼 Dietrich Bonhoeffer

06

하나님께서는 우리에게 부르심 받은 그대로 거하되 하나님과 함께 거하라고 권면합니다(고전 7:24). 우리는 부르심을 통한 사명의 결실이 당장 눈에 보이는 것이 아닐 수도 있음을 알아야 합니다. 그럴 때 하나님의 성도된 우리는 부르심을 의심하거나 낙심하지 말아야 합니다. 오히려 우리를 부르신 하나님의 신실하심을 믿고 의지해야 합니다. 우리는 마지막 순간까지 부르심에 대하여 총명함을 유지 할 줄 알아야 합니다. 지금 당장은 보이지 않더라도 하나님께서 이루어 가시는 역사의 어느 순간, 우리가 헌신한 사명이 반드시 이루어지리라는 것을 확신해야 합니다. 부르심의 결실이 우리가 원하는 결과가 아니라 하나님의 뜻에 대한 믿음임을 새기게 될 때, 우리는 비로소 하나님의 뜻하신 시간 가운데 안정적인 우리를 보게 됩니다. 그리고 그때 비로소 우리와 "합력하여 선을 이루시는 하나님"을 보게 됩니다(롬 8:28). 부르심의 결실은 믿음입니다. 부르심의 결실은 믿음 가운데 주의 뜻이 이루어지는 시간을 바라보는 것입니다.

믿음의 결실

소명과 책임으로 살아가는
그대를 위한

01

한동안 저는 교단본부 교육을 위한 사역의 자리에서 밤과 낮을 가리지 않고 일했습니다. 하나님께서도 열심히 일한 결실을 허락해 주셨습니다. 덕분에 저의 가정과 제가 함께 일했던 동역자들, 나아가 많은 교회와 사역자들이 삶과 사역의 풍요로움을 경험하게 되었습니다. 그때 어떤 한 분이 저에게 물었습니다. "무슨 영광을 보겠다고 그렇게 밤과 낮을 가리지 않고 일하십니까? 제가 보기에 당신은 일 중독자입니다." 그때 저는 그 분에게 이렇게 대답했습니다. "그렇습니다. 저는 일 중독자일지 모릅니다. 그러나 저는 이렇게 해서 많은 이들이 풍요롭게 되는 것을 봅니다. 저는 이렇게 힘들게 일하면서 제가 하는 일과 저의 가족들, 동역자들 그리고 교회와 다음세대에 대해 깊은 사랑을 품게 되었습니다." 저는 그 분과 대화하면서 에스겔서 47장 9절과 10절을 마음속으로 묵상했습니다. "이 강물이 이르는 곳마다 번성하는 모든 생물이 살고 또 고기가 심히 많으리니 이 물이 흘러 들어가므로 바닷물이 되살아나겠고 이 강이 이르는 각처에 모든 것이 살 것이며 또 이 강 가에 어부가 설 것이니 엔게디에서부터 에네글라임까지 그물 치는 곳이 될 것이라." 믿음으로 주어진 사명에 최선을 다하는 것은 일 중독이 아니라 사랑의 헌신입니다.

02

하나님의 사람들은 믿음으로 살아갑니다. 믿음의 사람들은 매일의 순간들을 주어진 사명을 위한 신실한 실천으로 채우며 살아갑니다. 그들은 그 수고가 어떤 결실을 맺기 위한 것인지 잘 알기에 하루도 게으르지 않습니다. 주어진 사명과 책임을 위해 일상을 신실하게 살아가는 것은 하나님을 믿는 사람들과 그렇지 않은 세속의 사람들을 구별하게 해주는 중요한 기준입니다. 무엇보다, 믿음의 신실한 사람들에게는 세속의 사람들이 근면하게 사는 가운데 얻는 성취와 성공과는 다른 결실이 있습니다. 그것은 바로 사랑입니다. 신실한 믿음의 삶은 그가 믿음으로 들어선 상황과 그렇게 펼쳐가는 현실, 그런 가운데 만나는 사람들과 모든 피조물에 대하여 진심어린 사랑을 느끼고 나눕니다. 정성을 다하고 최선을 다하는 가운데 동반하는 사람들과 일하는 대상에 대하여 무한한 애정을 나누게 되는 것입니다. 사랑은 신실한 사명의 길을 가는 이들이 그 길가에서 만나는 모든 피조물들에 대하여 품는 애틋한 마음이며 채워주고자 하는 마음입니다. 믿음의 길에서 사랑은 측은지심惻隱之心입니다. 하나님을 믿는 사람들이 매순간을 신실하게 살아가는 가운데 하나님께서 주시는 은혜의 결실은 바로 사랑입니다.

"Christianity is not just about what we believe; it's also about how we behave."

"기독교 신앙은 무엇을 믿는가에 관한 것만이 아닙니다. 그것은 어떻게 행동할 것인가에 관한 것이기도 합니다."

존 스토트 John R.W. Stott
(Basic Christianity (Ivp Classics))

"The measure of love is to love
without measure."

"사랑을 헤아린다는 것은 헤아림 없이 사랑하
는 것입니다."

히포의 어거스틴 Augustine of Hippo

03

신실한 삶은 주어진 현실이 아무리 비관적이라도 그 길에서 주어진 모든 존재를 존중하고 사랑합니다. 평소에 불의를 참지 못하는 확고한 성격을 가진 리 앤Lee Anne은 아이들의 추수감사절 기념 학교 행사를 마치고 돌아가던 중 비 내리는 추운 길 위에서 덩치 큰 흑인 아이 마이클 오어Michael Oher를 만나게 됩니다. 그녀는 한 눈에 그 아이가 집 없이 떠돌고 있다는 것을 알았습니다. 그녀는 당장 아이를 집으로 데려가 함께 살기 시작했습니다. 리 앤과 가족이 처음부터 마이클과 함께 살려고 했던 것은 아니었습니다. 리 앤과 가족은 그저 주어지는 매순간의 일상을 마이클에게 신실했습니다. 그러는 사이 어느새 리 앤과 그녀의 가족들에게 덩치 큰 흑인 아이 마이클을 향한 사랑이 깊어졌습니다. 리 앤 가족은 이후 마이클을 가족으로 받아들이고 함께 살며 그 덩치 큰 아이의 가능성을 찾기 시작했습니다. 결국 떠돌이 마이클은 미식축구 선수가 되어 미시시피 대학에 입학하게 되고 마침내는 프로 미식축구 선수로 데뷔하게 됩니다. 리 앤의 가족은 마이클을 처음 만난 시간 이후 내내 그를향한 믿음을 거두지 않았고 늘 신실했습니다. 그러자 리 앤 가족과 마이클 사이에는 사랑이라는 선물이 주어졌습니다. 이 실제 이야기는 후에 영화 '블라인드 사이드Blind side'로 만들어졌습니다. 믿음으로 신실함은 사랑이라는 위대한 선물을 선사합니다.

"We can't have full knowledge all at once. We must start by believing; then afterwards we may be led on to master the evidence for ourselves."

" 우리는 모든 지식을 단번에 가질 수 없습니다. 먼저는 믿는 것으로부터 시작합니다. 그리고 그 다음에 우리는 스스로를 위해 그 믿음의 증거들에 능숙하게 하는 길로 나아가야 합니다."

토마스 아퀴나스 Thomas Aquinas

"그들이 조반 먹은 후에 예수께서 시몬 베드로에게 이르시되 요한의 아들 시몬아 네가 이 사람들보다 나를 더 사랑하느냐 하시니 이르되 주님 그러하나이다 내가 주님을 사랑하는 줄 주님께서 아시나이다 이르시되 내 어린 양을 먹이라 하시고"

요한복음 21장 15절

04

예수님은 당신의 십자가 길에서 신실한 행보를 이어가셨습니다. 그 길 가운데 만나는 모든 이들과 더불어 온전한 사랑을 이루셨습니다. 예수님께서 신실한 행보를 이어가시는 가운데 이루신 사랑은 결국 모든 피조물들과의 온전한 사랑 관계로 확장되었습니다. 우리의 기독교 신앙은 예수님의 믿음과 사랑 관계를 기반으로 하는 것입니다. 예수님께서는 특히 들쭉날쭉 제멋대로인 제자 베드로에게 신실하셨습니다. 그가 제자로서 턱없이 모자란 모습을 보일 때에도, 제자로서 너무 과도한 모습을 보일 때에도, 예수님은 언제나 한결같은 신뢰를 가지셨고 그를 신실하게 대하셨습니다. 부활하신 후 예수님께서는 마지막 십자가를 지던 시간에 당신을 배신한 베드로를 찾아 갈릴리까지 가셨습니다. 그리고 그곳에서 베드로를 다시 제자의 자리로 이끄셨습니다. 이 때 예수님께서는 베드로에게 물으셨습니다. "네가 나를 사랑하느냐"(요 21:15~17). 베드로는 기다렸다는 듯 예수님을 향한 자신의 사랑을 고백했습니다. 예수님은 십자가의 길을 가시는 동안 베드로를 만나셨습니다. 그리고 베드로를 향한 당신의 신실함을 내려놓지 않으셨습니다. 베드로의 어떤 불안한 모습에도 예수님께서는 당신의 신실한 행보를 굳건히 이어가셨습니다. 예수님은 신실함으로 베드로를 포함하는 모든 존재들, 모든 피조물들에 대하여 사랑의 관계를 이루셨습니다.

05

사도 야고보는 "믿음이 그의 행함과 함께 일하고 행함으로 믿음이 온전해 진다"고 말합니다(약 2:22). 믿음이 그에 맞는 행위와 함께 해야 한다는 것은 사명의 길을 가는 이에게 중요한 포인트입니다. 특별히 믿음은 사랑과 함께해야 합니다. 그래서 바울은 제자 디모데에게 편지하면서 "거짓 없는 믿음에서 나오는 사랑"을 말합니다(딤전 1:5). 믿음으로 산다는 것은 신실하고 성실하게 사는 것을 의미합니다. 신실하고 성실한 삶에는 언제나 사랑이 가득합니다. 신실한 사람은 주어진 일들, 일하는 가운데 만나는 사람들, 일을 통해 경험하는 세상 모든 것에 대하여 정성을 다합니다. 정성을 다하는 삶에는 애정이 풍성합니다. 그렇게 사랑이 가득해야 세상은 제대로 돌아가게 되는 것입니다. 말하자면, 믿음은 사랑이라는 결과적 방향, 사랑이라는 결실을 향해 흘러갑니다. 그렇게 될 때 믿음은 참 믿음이 되고, 그 실질적 증거가 뚜렷한 결실로 돌아오게 됩니다. 믿음은 사랑이라는 결실을 향해 달려가는 헌신, 신실함, 충성입니다.

"The will of God, to which the law gives expression, is that men should defeat their enemies by loving them."

"율법 가운데 드러난 하나님의 의지는 우리가 대적들을 사랑으로 이겨야 한다는 것입니다."

디트리히 본회퍼 Dietrich Bonhoeffer

06

히브리서 11장 1절의 말씀대로 믿음으로 사는 하나님의 사람들은 '나와 하나님', '나와 그(그녀)', '나와 피조물' 사이 온전한 사랑의 관계를 소망합니다. 내 삶의 모든 관계가 사랑 가운데 온전하게 되는 것을 보는 것, 그것이 바로 그리스도인이 꿈꾸는 믿음의 비전입니다. 믿음은 세상 가운데 신실함이 제대로 작동하도록 하여 어떤 왜곡도, 어떤 거짓과 불의도 없게 하는 바른 길입니다. 우리가 만일 믿음으로 나아가는 바른 길의 궁극을 사랑으로 장식할 줄 알게 된다면, 우리의 신실함은 가능한 많은 사람들과 피조물들에게 넉넉한 사랑의 은혜가 될 것입니다. 결국, 믿음 가득한 삶은 하나님의 정의와 공의 아래 세상 모든 이들이 온전한 사랑의 결실을 나누게 되는 풍요로운 통로입니다. 우리는 신실한 믿음과 그 믿음의 결실로서 사랑 외에 다른 무엇으로도 우리 삶의 온전함과 풍성함을 이룰 수 없음을 알아야 합니다. 우리가 신실하여 사랑이라는 결실을 얻게 될 때, 우리 삶은 진정한 '만사형통萬事亨通'을 경험하게 될 것입니다.

사랑의 결실

소명과 책임으로 살아가는
그대를 위한

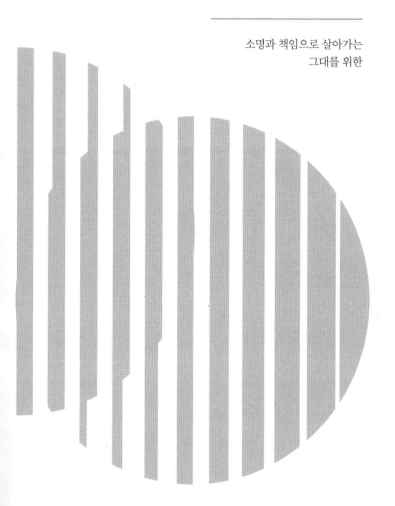

01

2012년 런던 패럴림픽Paralympics에 참여한 빅토리아 앨런Victoria Arlen은 전도유망한 수영선수였습니다. 그런데 열한 살 되던 2006년, 갑작스레 '횡단골수염'이라는 희귀한 병에 걸려 온 몸이 마비되고 혼수상태에 빠지고 말았습니다. 의사들과 전문가들은 가족들에게 희망이 없으니 포기하라고 권고했습니다. 그러나 부모와 세 명의 오빠들은 빅토리아를 포기할 수 없었습니다. 특히 그녀의 오빠들은 매일 빅토리아에게 찾아와 하루 동안 겪은 이야기와 세상 이야기를 들려주었습니다. 그리고 동생에게 사랑한다고 말하면서 꼭 일어나게 될 것이라고 속삭였습니다. 그렇게 4년이 흘러 어느 날 빅토리아는 스스로의 힘으로 고개를 돌려 어머니와 눈을 마주쳤습니다. 그리고 그녀가 드디어 입을 떼게 되었을 때, 빅토리아는 이렇게 말했습니다. "누워있는 동안 나는 의사의 절망적인 이야기와 엄마, 아빠의 사랑을 담은 이야기 그리고 오빠들의 용기를 북돋우는 이야기를 모두 들을 수 있었어요. 엄마, 아빠 그리고 오빠들의 사랑은 제게 큰 힘을 주었어요." 이후 빅토리아는 가족들의 도움으로 재활에 성공했습니다. 그리고 장애인들의 올림픽에 미국의 국가대표 수영선수로 출전했습니다. 거기서 빅토리아는 두 개의 은메달과 한 개의 금메달을 목에 걸었습니다. 사랑하는 마음을 포기하지 않으면 그 사랑은 소망이라는 결실로 돌아옵니다.

02

하나님을 믿는 사람들은 사랑의 결실을 맺는 사람들입니다. 하나님의 사람들은 예수님의 사랑이 자기들의 사랑의 기반임을 잘 알고 있습니다. 그래서 하나님의 사람들은 예수님을 통해 주어진 사랑의 결실을 스스로 누리는 가운데 동시에, 누군가에게 하나님 은혜의 통로가 되기도 해야 합니다. 그러나 우리는 주의해야 합니다. 그리스도인의 사랑은 열정으로 가득하고, 격정적이며, 정신적 엑스타시를 경험하는 환상적인 어떤 것으로 오해될 수 있습니다. 그런 것들은 다분히 세속적인 사랑이 드러내는 모습들입니다. 그리스도인의 사랑의 결실은 오히려 실망하지 않는 것, 포기하지 않는 것, 외면하지 않는 것과 관련이 있습니다. 그리스도인의 사랑의 결실은 그래서 '바라고 소망하는 것'입니다. 사랑의 결실은 우리의 현실, 우리의 과제, 우리의 관계가 제아무리 비관적일지라도 기대를 내려놓지 않는 것입니다. 사랑의 결실은 하나님과 더불어 품은 꿈이 그대로 우리 삶에서 실현되리라는 소망의 끈을 놓지 않는 것입니다. 결국 소망은 사랑의 결실이 됩니다.

"We are most ourselves when we love; we are most the People of God when we love."

"사랑할 때 우리는 가장 우리답습니다. 사랑할 때 우리는 가장 하나님의 백성답습니다."

유진 피터슨 Eugene H. Peterson
(The Message: The Bible in Contemporary Language)

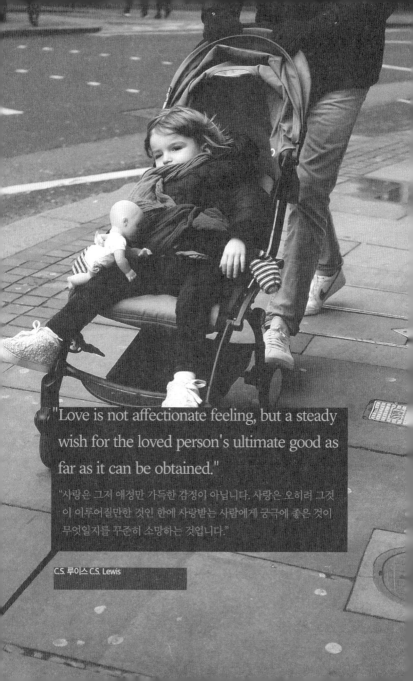

"Love is not affectionate feeling, but a steady wish for the loved person's ultimate good as far as it can be obtained."

"사랑은 그저 애정만 가득한 감정이 아닙니다. 사랑은 오히려 그것
이 이루어질만한 것인 한에 사랑받는 사람에게 궁극에 좋은 것이
무엇일지를 꾸준히 소망하는 것입니다."

C.S. 루이스 C.S. Lewis

03

우리는 세상 여기저기에서 "희망을 놓지 말아 달라!"는 신호를 접합니다. 이 신호들은 대부분 사랑을 요청하는 신호입니다. 사랑은 어떤 이의 사그라드는 생명의 간헐적 박동 사이에서 그가 아직 살아있을 수 있다는 것을 발견하는 소망의 신호입니다. 미국 존스홉킨스 병원 응급실의 담당 의사 다니엘 라거필드Daniel Lagerfeld는 자신의 일터 현장에서 급박하게 벌어지는 일들에 대한 감상을 이렇게 전했습니다. "응급실 의사에게 제일 중요한 것은 소망을 가지는 것입니다. 응급실 의사는 매번 중증 외상환자가 들어오면 그가 살 수 있고 그를 살릴 수 있다는 소망을 갖습니다. 때로는 그 소망이 이루어지지 않을 수도 있습니다. 그러나 응급실 의사들은 매번의 환자에게 그 소망을 품는 것을 멈추지 않습니다. 응급실 의사들은 그 소망을 발견하고 그렇게 생명을 살리게 되는 일이 환자에 대한 사랑의 마음에서 나온다는 것을 알고 있습니다. 비록 응급실로 들어오는 환자들의 이름과 나이, 그들이 가진 배경은 잘 모르지만 우리는 매번 그들을 신의 이름으로 사랑한다고 고백합니다. 그리고 우리의 신과 더불어 그에게 그리고 그의 생명에게 다시 한 번 소망을 품습니다."

"Christianity is a religion of salvation, and the fact is that there is nothing in any of the non-Christian religions to compare with this message of a God who loved, and came after, and died for, a world of lost sinners."

"기독교는 구원의 종교인데, 사실 기독교 외 종교 중 어느 것에서도 잃어버린 죄인의 세계를 사랑하고 또 사랑하여 찾아와 죽은 하나님의 이 메시지와 비교할 만한 것은 없다."

존 스토트John R.W. Stott
(Basic Christianity (Ivp Classics))

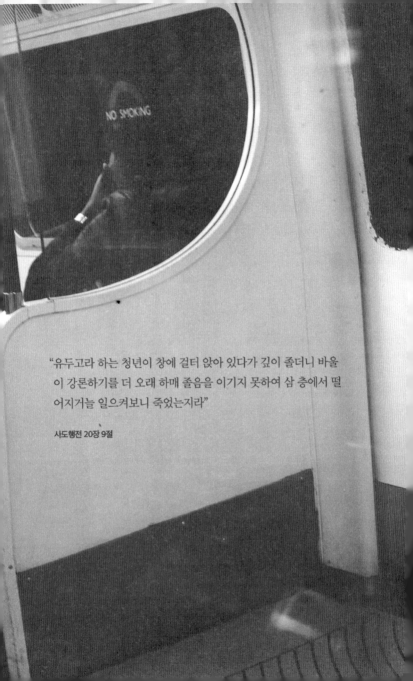

"유두고라 하는 청년이 창에 걸터 앉아 있다가 깊이 졸더니 바울이 강론하기를 더 오래 하매 졸음을 이기지 못하여 삼 층에서 떨어지거늘 일으켜보니 죽었는지라"

사도행전 20장 9절

04

사도행전 20장에서 바울은 3층에서 떨어져 죽은 청년 유두고를 마주합니다. 유두고는 높은 곳에서 떨어졌고, 그의 몸은 가눌 수 없이 축 늘어져있었습니다. 많은 사람들은 그가 이미 죽었다고 판단합니다. 모여든 사람들은 그의 죽음에 대해, 혹은 그의 죽기 전 삶에 대해 떠들어대기 시작합니다. 그때 바울이 이렇게 말합니다. "떠들지 말라. 생명이 그에게 있다"(행 20:10). 바울은 누가 보아도 죽은 것처럼 늘어져 있는 그를 하나님의 사랑으로 안았습니다. 그러자 유두고는 그 자리에서 되살아났습니다. 사랑은 이렇게 모든 가능성이 상실된 곳에서 소망을 찾아내는 일입니다. 소망의 신호를 찾아내는 일은 오직 사랑을 품은 자에게만 일어납니다.

05

예수님께서도 소망의 불씨가 꺼져간다는 소식을 들으셨습니다. 당신의 친구 나사로가 아파 병들었다는 소식을 들으신 것입니다. 예수님께서는 나사로에게 가셨습니다. 그런데 그 때는 이미 나사로가 죽은 지 나흘이나 지난 때였습니다. 나사로의 여동생 마르다가 마음 속 절망을 이렇게 말합니다. "주께서 여기 계셨더라면 내 오라버니가 죽지 아니하였겠나이다"(요 11:21). 그러나 예수님께서는 "네 오라비가 살아날 것"이라고 마르다를 위로하십니다. 이번에는 나사로의 또 다른 여동생 마리아가 그녀의 마음 속 좌절을 이렇게 말합니다. "주께서 여기 계셨더라면 내 오라비가 죽지 아니하였겠나이다"(요 11:32). 예수님께서는 그들의 절망어린 말들과 눈길을 뒤로하시고 나사로의 무덤으로 가 무덤 문을 여셨습니다. 그러자 동생 마르다가 말합니다. "죽은 지가 나흘이나 되었으매 벌써 냄새가 나나이다"(요 11:39). 소망이 없음은 마리아를 비롯한 베다니 동네 모든 사람들에게 일치하는 생각이었을 것입니다. 그러나 예수님께서는 사랑 가득한 마음으로 미래 없이 죽은 자의 무덤을 향하여 "나사로야 나오라"는 소망을 전하셨습니다(요 11:43). 그러자 예수님의 사랑에 응답한 나사로가 되살아난 소망으로 무덤에서 나왔습니다. 모두가 잃었다 생각한 소망은 사랑하는 가운데 생명의 불씨로 되살아납니다.

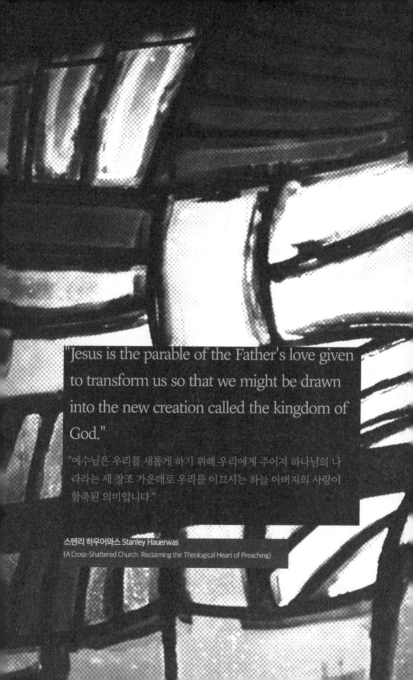

"Jesus is the parable of the Father's love given
to transform us so that we might be drawn
into the new creation called the kingdom of
God."

"예수님은 우리를 새롭게 하기 위해 우리에게 주어져 하나님의 나
라라는 새 창조 가운데로 우리를 이끄시는 하늘 아버지의 사랑이
함축된 의미입니다."

스텐리 하우어와스 Stanley Hauerwas
(A Cross-Shattered Church: Reclaiming the Theological Heart of Preaching)

06

사도 요한은 그의 인생 마지막 편지들에서 "예수님께서 우리에게 주신 계명대로 서로 사랑하는 일"을 그리스도인의 중요한 계명으로 권면했습니다. 요한이 말한 사랑의 정수는 바로 그리스도를 본받는 것입니다. 요한은 사랑의 끝에 맺힐 소망이라는 결실을 위하여 그 끈을 더욱 견고하게 하라고 말합니다. 그리스도께서 사랑하시는 방식은 인간에 대한 소망의 끈을 놓지 않는 것입니다. 하나님을 믿는 사람들 역시 사랑 가운데 그들이 변화하고, 그들이 새롭게 되리라는 기대의 끈을 놓지 않아야 합니다. 예수님을 따라 사랑에 충실한 가운데 우리가 살아가는 세계 현실에서 소망을 내려놓지 않는 것이 바로 사랑을 실천하는 일입니다. 우리는 하나님께서 우리에게 허락하신 공동체의 가능성에 대한 소망의 끈을 놓지 않아야 합니다. 우리에게 주어진 사랑하는 형제와 자매 그리고 다음 세대에 대한 기대와 소망을 놓지 말아야 합니다. 무엇보다 우리는 불확실성의 시대 속에서 우리 자신에 대한 사랑의 마음을 잃지 말아야 합니다. 그래서 불신하는 시대에 꺼져버린 소망의 불씨를 다시 살려야 합니다. 사랑은 죽은 것 같은 모든 것을 되살아나게 합니다. 사랑은 희망을 낳습니다. 사랑은 굳건하여 흔들리지 않는 소망을 결실로 맺습니다.

소망의 결실

소명과 책임으로 살아가는
그대를 위한

"Storms don't last forever."

"폭풍은 영원히 지속되지 않습니다."

파울로 코엘료 Paulo Coelho

01

등산을 즐기는 친구가 하나 있습니다. 그 친구는 시간만 나면 숨이 턱에 차오르는 고통을 감내하며 산을 오릅니다. 한번은 왜 그렇게 힘든 일을 자초하느냐고 묻자 그 친구는 이렇게 말했습니다. "산마루를 넘고 넘어 정상에 오를 때마다 내가 무엇을 소망하며 오늘을 살아가는 지가 또렷해지는 것 같아서..." 우리는 주어진 현실과 장애를 분석하고 파악하여, 피해를 덜 받고 돌아가는 방법이 현명하다고 말하는 시대를 살아갑니다. 그러나 현실과 장애는 있는 그대로 이기고 견디며 넘어서야 합니다. 앞길을 가로막고 선 산고개의 험준한 현실을 있는 그대로 견디며 넘어설 때, 그 너머에 있는 우리의 목적지는 더욱 분명해 집니다. 앞에 우뚝 선 정상이 가진 높이의 진실을 있는 그대로 인내하며 올라설 때, 우리는 소망하던 것의 실체를 더욱 가까이 볼 수 있게 됩니다. 그래서 작가 파울로 코엘료Paulo Coelho는 이렇게 말했습니다. "우리는 폭풍 자체보다는 그 너머를 바라보아야 합니다. 그래서 우리 앞에 선 거대한 자연에 대해 존경심을 갖고, 그 자연을 인내하고 견뎌내어 마침내는 그것을 넘어서는 방법을 배워야 합니다." 중요한 것은 우리 앞에 선 장애를 인내하며 넘어서는 것입니다. 소망하는 것을 얻고자 하는 여정에서 오늘의 현실이 주는 장애를 인내하는 것이야 말로 참된 인생의 모습입니다.

02

소망을 품은 이들은 그 바라는 것들이 실현되기를 간절히 바랍니다. 그런데 우리가 소망하는 것은 한달음에 달려와 우리에게 안기는 애완견이 아닙니다. 우리가 소망하는 것이 단박에 이루어지는 즉석식품과 같은 것이라면, 우리는 그것을 아예 소망하지도 않았을 것입니다. 그것은 그냥 손에 쥐면 그만입니다. 우리가 소망하는 것은 단번에 얻기가 쉽지 않습니다. 그래서 소망은 기다림이 중요합니다. 소망과 기다림은 한 쌍과 같은 말입니다. 소망한다 하면서도 기다릴 줄 모르는 사람은 차라리 소망한 적이 없다고 말하는 편이 낫습니다. 그런데 하나님을 믿는 가운데 소망하며 기다리는 일에는 기다림보다 더 깊은 자세가 요구됩니다. 바로 인내하는 것입니다. '기다림'이 그럴 필요가 있을 때에만 취하는 선택적인 태도라면, '인내'는 그 기다림에 한결같은 꾸준함을 더하는 것입니다. 기다리며 진중하게 자리를 지키는 것이 바로 인내입니다. 하나님을 믿는 사람의 소망은 그래서 단순한 '기다림' 보다 심지 깊은 '인내'를 요구합니다. 인내는 보이지 않는 소망으로 오늘을 살아가는 그리스도인의 열매입니다.

PEDESTRIANS
push button and wait
for signal opposite

WAIT

wait

cross
with care

"Love, joy, peace, patience, kindness, good-
ness, faithfulness, gentleness, and self-control.
To these I commit my day. If I succeed, I will
give thanks. If I fail, I will seek his grace."

"사랑, 희락, 화평, 인내, 자비, 양선, 충성, 온유 그리고 절제. 나는 매일
이것들을 위해 헌신합니다. 하루 헌신이 성공적이면 나는 감사를 드
립니다. 그러나 하루 헌신이 실패하면 나는 그분의 은혜를 구합니다."

맥스 루케이도 Max Lucado
(When God Whispers Your Name (The Bestseller Collection))

"When it comes to doing something about what is wrong in the world, Jesus is best known for his fondness for the minute, the invisible, the quiet, the slow – yeast, salt, seeds, light. And manure."

"세상이 잘못되었다는 것에 대해 무언가를 하려할 때, 예수님은 당신 스스로 작은 것, 보이지 않는 것, 조용한 것, 느린 것, 말하자면 누룩, 소금, 씨앗, 빛 그리고 거름과 같은 것들에 대해 지극한 관심을 보이신 것으로 우리 최고의 안내자가 되십니다."

유진 피터슨 Eugene H. Peterson
(Tell It Slant: A Conversation on the Language of Jesus in His Stories and Prayers
(Spiritual Theology #4))

03

사실 세속의 가치들도 인내를 가르칩니다. 예를 들면 호아킴 데 포사다Joachim De Posada와 엘린 싱어Ellen Singer의 저서 『마시멜로 이야기Don't Eat the Marshmallow Yet』는 더 큰 것을 원한다면 참아낼 줄 알아야 한다고 가르칩니다. 그런데 그리스도인의 인내는 자기 욕구나 욕망 해결과는 다른 것입니다. 그리스도인의 인내는 하나님의 공의가 성취되기를 바라며 벌이는 공의로운 영적 분투이기 때문입니다. 러시아에서 공산혁명이 일어났을 때 많은 그리스도인들이 박해를 받았습니다. 시베리아의 한 마을에서는 이런 일도 있었습니다. 배교를 거부한 일단의 그리스도인들은 발가벗겨진 채 공산당원들이 뚫어놓은 얼음 구멍 속으로 들어갔습니다. 그리고 서서히 얼어 죽어갔습니다. 공산당원들은 "지금이라도 배교하고 공산당에 가입하면 살려주겠다"고 유혹했습니다. 몸이 점점 얼어붙는 가운데 그 유혹은 참으로 달콤했습니다. 결국 한 명이 참지 못하고 뛰어나왔습니다. 그때 그것을 지켜보던 공산당원 한 명이 외쳤습니다. "이보시게, 저기 하늘에 천사가 당신들을 영접하기 위해 내려오고 있는 것이 보이지 않는가? 조금만 더 인내하면 천사를 만날 수 있을 텐데 왜 거기서 나오는가? 자네가 그 영광을 버린다면 그 자리는 내가 차지하겠네" 그 공산당원은 스스로 얼음 구멍 속으로 대신 들어가 인내하며 순교의 길로 나아갔습니다.

"Strict exercise of self-control is an essential feature of the Christian's life."

"절제에 대한 엄한 훈련은 기독교 신앙인의 삶에서 꼭 필요한 부분입니다."

디트리히 본회퍼 Dietrich Bonhoeffer
(The Cost of Discipleship)

"이것들을 증언하신 이가 이르시되 내가 진실로 속히 오리라
하시거늘 아멘 주 예수여 오시옵소서"

요한계시록 22장 20절

04

그리스도인들은 하나님의 온전하신 뜻 가운데 소망이 성취되는 것을 보기 위해 주어진 현실을 최선을 다해 감내합니다. 성경은 온통 인내하는 사람들의 이야기입니다. 아브라함은 하나님의 백성들이 모래알 같이 많은 수로 늘어나 이 세상에 가득하게 되리라는 하나님의 약속을 신뢰했습니다. 그리고 그는 인내하는 가운데 오랜 시간 그의 자손이 태어나기를 기다렸습니다. 다니엘은 이방 나라 한복판에서 하나님의 뜻이 온전히 실현되기를 기다렸습니다. 그리고 모든 위협하는 현실을 인내하며 기도하는 가운데 이겨냈습니다. 나다나엘은 갈릴리의 엄혹한 현실 한복판에서도 하나님의 구원을 기다렸습니다. 그는 무화과나무 아래 앉아 인내하며 말씀을 보고 기도하는 가운데 메시아가 오시기를 기다렸습니다. 초대교회 제자들의 시대를 지나 지금껏, 하나님을 믿는 사람들에게 중요한 것은 구원의 날을 소망하는 가운데 인내하며 오늘을 사는 것입니다(계 22:20).

05

하나님의 구원을 소망하며 오늘을 인내하는 일은 삶에 대한 그리스도인의 귀한 태도입니다. 성경에 등장하는 하나님의 사람들은 모두 하나님 나라에 대한 미래적 소망과, 예수 그리스도의 십자가가 세상과 악을 이기시리라는 소망, 그리고 오늘의 어려운 여정이 결국 믿음의 승리로 귀결되리라는 소망으로 살았던 사람들입니다. 하나님의 부르심을 받은 그들은 하루하루, 분분초초의 현실이 아무리 의심스러워도 제 자리를 지키며 바라던 것이 그대로 실상이 되어 실현될 그때를 기다리고 인내했습니다(히 11:1). 그래서 바울에게 소망과 인내는 서로 뗄 수 없는 귀한 덕목들이었습니다. 바울은 "이 세대를 본받지 말고" 하나님의 귀하신 뜻을 분별하는 가운데 성도의 온전한 덕을 실현하라고 말하며 시대를 인내할 것을 권면합니다(롬 12:2). 특히 바울은 그리스도인으로서 기쁨 가운데 늘 소망을 품으며 환란을 인내하고 그 모든 상황을 기도로 이겨내라고 격려하고 있습니다(롬 12:12). 오늘도 마찬가지입니다. 소망을 품고 오늘을 살아가는 그리스도인의 주변에는 참된 신앙의 꽃이 피어납니다. 그리고 인내의 은혜로운 향기가 가득합니다.

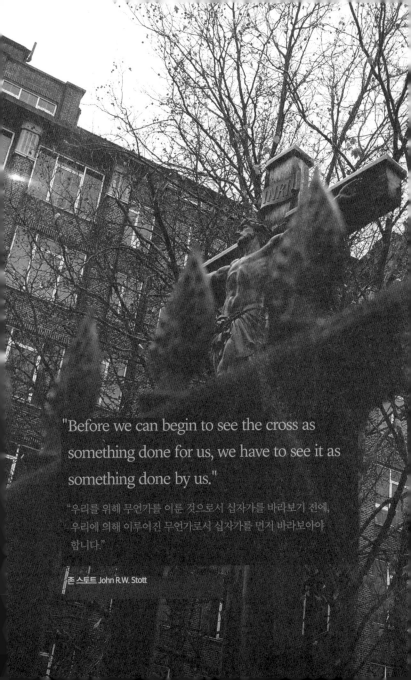

"Before we can begin to see the cross as
something done for us, we have to see it as
something done by us."

"우리를 위해 무언가를 이룬 것으로서 십자가를 바라보기 전에,
우리에 의해 이루어진 무언가로서 십자가를 먼저 바라보아야
합니다."

존 스토트 John R.W. Stott

06

바라는 것이 있다는 것은 살아있다는 증거입니다. 그러나 진정으로 살아있음을 경험하는 순간은 바라는 바를 버킷 리스트Bucket list에 적어두었을 때가 아니라, 그것이 실현되기까지 하루하루를 인내하는 가운데 이겨나갈 때입니다. 하나님의 사람들은 하나님과 함께 품은 소망이 실현되는 길에서 인내라는 계단과 터널을 지나야 합니다. 하나님의 영과 더불어 고결한 미래를 소망하는 그리스도인들은 인내하는 삶의 자세를 적극적으로 품고 그것을 삶의 내외에 다지며 살아갑니다. 인내라는 결실이 매순간 각자의 신앙 나무에 향기 나는 열매로 맺히도록 수고하는 것입니다. 소망을 품은 사람은 고결한 사람입니다. 그래서 소망을 품은 사람은 참고 견디는 적극적인 삶, 인내하는 삶을 기꺼이, 흔들림 없이, 기쁨으로 이어갑니다. 그리스도 안에서 성령의 인도하심을 따라 소망하는 한 가지를 갖게 되었다면, 그 기대하는 것이 반드시 실현되리라는 것을 믿으며 오늘을 품위 있게 인내하십시오. 인내는 소망하는 우리 모두가 맺어야 할 귀한 열매입니다.

인내의 결실

소명과 책임으로 살아가는
그대를 위한

"I am GOD, your God, who teaches you how to live right and well. I show you what to do, where to go."

하나님은 말씀을 통해 나에게 늘 이렇게 말씀하십니다. "나는 하나님, 어떻게 사는 것이 바르고 잘 사는 것인지를 너에게 가르치는 너의 하나님이다. 나는 네가 무엇을 해야 할지, 어디로 가야할지를 알려준다."

유진 피터슨 Eugene H. Peterson
(Holy Bible - Message version (Numbered Edition))

01

얼마 전 한 장로님의 장례예배에 참석했습니다. 장로님은 약 40년 세월을 다니시던 교회의 어린이와 청소년들에게 신앙을 가르치는 사역에 헌신하신 분이었습니다. 그 오랜 시간 장로님은 어린이들이 바른 신앙 안에서 자라고, 청소년들이 신앙을 굳건하게 하는 일을 위해 노력하셨습니다. 때로는 아이들의 집과 학교를 찾아다니며, 그들이 신앙을 버리지 않도록 각고의 노력을 기울이셨습니다. 한 번은 신앙을 버리고 몇 달을 교회에 나오지 않은 한 청소년을 찾아가 심방하며 설득하는데 여섯 달을 헌신하기도 했었습니다. 장로님은 한 영혼을 구원과 영적 성숙의 자리로 인도하기 위해 오랜 노력을 감내하는 것을 마다하지 않았습니다. 그런데 놀라운 일은 장로님 돌아가신 후에 일어났습니다. 장로님의 빈소에 뜻하지 않은 젊은이들이 찾아온 것입니다. 장로님에게서 배우고 장로님에게서 은혜를 입었다는 젊은이들이 줄을 이었습니다. 유족들과 교회 역시 놀랐습니다. 그 젊은이들은 하나같이 각자 자기 삶에서 장로님에게서 배운 하나님 나라의 진리를 실현하는 일꾼들이 되어 있었습니다. 하나님 나라 백성들의 진지한 가운데 수고하는 인내의 행진은 이어지고 있습니다. 마지막 하나님 나라는 장로님 같은 분들의 인내어린 헌신으로 크게 부흥할 것입니다.

02

하나님의 사람들은 인내의 결실을 맺는 사람들입니다. 그리스도인의 인내는 면벽한 채 홀로 수행하며 지금의 자기를 참아내는 일만을 말하지 않습니다. 그리스도인의 인내는 오히려 세상 한복판세상과 타인, 그리고 자기 자신과의 관계에서 발생하는 온갖 일들을 감내하는 것입니다. 격분할 만한 현실 세계의 불의를 견뎌내고, 용납할 수 없는 관계 상황을 묵묵히 받아들이는 가운데 오히려 관계를 지키느라 애쓰고, 실망스럽고 한심한 자신마저 인정하고 받아들이는 등이 바로 우리가 인내라고 부르는 모습입니다. 결국 인내하는 일은 쉽지 않습니다. 혼자서 잘 견뎌내기만 하면 되는 일이 아니기 때문입니다. 그리스도인이 인내한다는 것은 시대를 참아내고, 사람을 참아내고, 자기를 이기는 일입니다. 인내를 통해 우리는 시대의 지도자를 일으키고, 사람을 온전하게 하고, 바르게 살아가는 자기를 얻게 되는 것입니다. 이것들은 하나님께서 오래 참는 그리스도인에게 주는 귀한 선물입니다. 하나님께서는 인내하는 인생에게 온전하여 장성한 분량으로 자라난 한 영혼을 선물로 허락하십니다. 인내의 결실은 천하보다 귀한 한 영혼입니다.

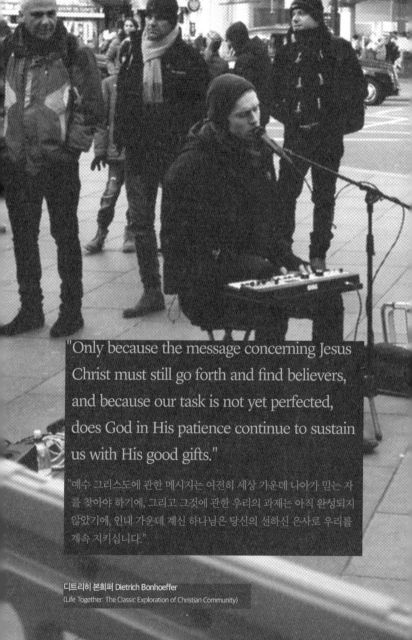

"Only because the message concerning Jesus Christ must still go forth and find believers, and because our task is not yet perfected, does God in His patience continue to sustain us with His good gifts."

"예수 그리스도에 관한 메시지는 여전히 세상 가운데 나아가 믿는 자를 찾아야 하기에, 그리고 그것에 관한 우리의 과제는 아직 완성되지 않았기에, 인내 가운데 계신 하나님은 당신의 선하신 은사로 우리를 계속 지키십니다."

디트리히 본회퍼 Dietrich Bonhoeffer
(Life Together: The Classic Exploration of Christian Community)

"I am conscious of a soul-sense that lifts me above the narrow, cramping circumstances of my life. My physical limitations are forgotten- my world lies upward, the length and the breadth and the sweep of the heavens are mine!"

"나는 내 인생의 좁고 방해물로 가득한 환경으로부터 나를 일으키는 어떤 영적 감각을 경험합니다. 이제 내 육체가 가진 한계는 없습니다. 나의 세상은 위를 향하고 있습니다. 이제 천국이 가진 길이와 넓이, 그리고 그 굽이치는 모습은 모두 나의 것입니다."

헬렌 켈러 Helen Keller
(The Story of My Life: With Her Letters (1887 1901) and a Supplementary Account of Her Education Including Passages from the Reports and Letters of Her Teacher Anne Mansfield Sullivan by John Albert Macy)

03

세상은 사람 얻는 일에 지대한 관심을 보입니다. 제갈량을 얻기 위해 삼고초려三顧草廬 했다는 삼국지 유비의 고사는 사람 구하는 일이 중요하다는 것을 잘 설명합니다. 그런데 세상은 때때로 사냥하듯 덫을 마련하고서 괜찮은 사람이 걸려들 때를 기다립니다. 세상은 그렇게 사람을 얻어 자기들의 필요를 따라 꾸미고 다듬은 뒤 소비합니다. 그런데 그리스도인은 얻으려는 쪽이 오히려 덫에 걸려듭니다. 얻으려는 쪽이 오히려 상대에게 매여 자기를 맞추고, 자신을 헌신하는 수고 가운데 그 사람을 하나님과 세상 보기에 온전한 영혼으로 세워갑니다. 맹인들을 주로 가르치던 교사 앤 설리번Anne Sullivan은 어느 날 시각과 청각을 잃은 채 좁디 좁은 자기 세계에 갇혀 살던 작은 아이를 만납니다. 그녀는 아이에게 자신의 모든 것을 바쳐 가르쳤습니다. 설리번 선생이 가르친 아이의 이름은 헬렌 켈러Helen Adams Keller였습니다. 설리번 선생은 번듯하게 훌륭한 평범한 아이를 선택하여 자기 취향과 의지대로 가르치는 사치를 누리지 못했습니다. 설리번 선생은 스스로 헬렌 켈러라는 함정으로 들어가 그를 위해 자기를 희생하고 자기를 맞춰 살았습니다. 그렇게 인내하는 가운데 우리가 아는 위대한 헬렌 켈러가 새롭게 태어났습니다. 설리번 선생만 새롭게 태어난 헬렌 켈러를 얻은 것이 아닙니다. 그의 인내로 20세기 세상 모두가 위대한 지도자 헬렌 켈러를 얻었습니다.

"The greater the difficulty to be over-
come, the more will it be seen to the
glory of God how much can be done
by prayer and faith."

"극복해야할 어려움이 크면 큰 만큼 얼마나 많은 것이 하
나님의 영광 가운데 기도와 믿음으로 이루어지는지를 보
게 될 것이다."

조지 밀러 George Müller

"말씀하시되 나를 따라오라 내가 너희를 사람을 낚는 어부가 되게 하리라 하시니"

마태복음 4장 19절

04

예수님께서는 애초부터 당신의 제자들을 선별하지 않으셨습니다. 예수님께서는 부족하고, 능력이 없어 보이는 사람들을 제자로 부르셨습니다. 그래서 예수님은 많은 부분 제자들의 부족함 때문에 당신 사역의 한계를 경험하셨습니다. 복음서 곳곳에서 제자들은 자기 한계를 드러내고, 문제를 일으키고, 가벼운 행보를 일삼으며, 자기들 멋대로하는 행동을 서슴지 않았습니다. 그러나 예수님께서는 그들 가운데 누구 하나도 버리거나 교체하지 않으셨습니다. 예수님의 공생애 내내 제자들은 처음 부름 받은 그대로였습니다. 예수님께서는 그들의 부족함에 대하여 오래 참으시는 가운데 신실한 가르침으로 그들을 제자와 사도가 되도록 격려하셨습니다. 그래서 성마른 베드로도, 우레의 아들이라 불리던 야고보와 요한도, 자기 세계에서만 갇힌 빌립도, 맹목적이거나 혹은 의심만 앞세우던 도마도 모두 하나님의 나라를 위해 헌신하는 사도들이 되었습니다. 초대교회 마가의 다락방에 서 있던 열두 명의 사도는 예수님의 오래 참으신 결실입니다.

05

예수님께서는 좋은 밭의 비유를 말씀하시면서 오래 참는 가운데 결실하는 일의 아름다움을 보여주셨습니다(눅 8:15). 예수님께서는 좋은 밭과 같은 사람은 스스로의 인생 밭에 씨앗을 심는 사람이라고 하셨습니다. 그는 그것을 잘 품어 싹을 틔우고 자라게 하여, 결국에 결실하기까지 참고 기다릴 줄 아는 사람입니다. 한 영혼을 온전하여 장성한 분량으로 자라게 하는 일은 신실하게 식물을 키워내는 좋은 흙을 가진 밭과 같습니다. 좋은 밭과 같은 사람은 심었다고 해서 바로 결실하려 하지 않습니다. 중간에 가지가 부러지고 상해도, 잘 자라지 못하거나 한두 번 부족한 열매를 맺어도 쉽게 그것을 뽑아내지 않습니다. 오히려 그 나무가 좋은 열매를 맺을 때까지 북돋우고, 깨끗하게 해주고, 자양분을 주며 기다립니다. 한 영혼이 하나님 보시기에 아름답고 멋진 모습으로 자라는 것은 그가 온전하여질 때까지 참고 인내하며 그를 위하여 나를 내어주고 그를 위하여 수고하는 것입니다. 예수님의 말씀처럼, 수고하며 나를 내어주고 인내할 때 우리는 하나님과 우리 모두가 기뻐하는 한 영혼의 성숙한 모습을 볼 수 있게 되는 것입니다.

"To endure the cross is not tragedy; it is the suffering which is the fruit of an exclusive allegiance to Jesus Christ."

"십자가를 감내하는 것은 비극이 아닙니다. 그것은 예수 그리스도를 향한 예외 없는 충성의 결실로서 고난을 당하는 것입니다."

디트리히 본회퍼 Dietrich Bonhoeffer

06

한 영혼이 성숙하기를 기다리는 것이야 말로 기독교가 갖는 최고의 전도 방법이며, 제자도이고, 지도자 양성 원리입니다. 그리스도인은 그리고 교회는 참고 기다리며 공급하기를 게을리 하지 않는 가운데 훌륭하게 장성한 하나님의 사람이라는 결실을 보아 왔습니다. 그래서 예수님 시대와 초기 제자들의 시대를 훨씬 지나 후대의 사람들이 사역하던 시절에 이르러서도 교회는 여전히 오래 참는 가운데 한 영혼을 온전한 하나님의 사람으로 세우는 일에 수고해야 한다고 말하고 있습니다(딤전 1:16). 인내는 단지 우리 욕구와 필요를 채우기 위함이 아니라, 한 영혼이 하나님의 온전함으로 세상 가운데 서게 되는 일을 위한 것입니다. 예수님께서 세상 모든 사람들과 피조물들을 하나님의 은혜 가운데로 인도하기 위하여 인내의 십자가를 감당 하셨듯, 우리의 인내 역시 우리가 아닌 한 영혼을 온전하여 장성한 분량에 이르게 하는 참 길이 되어야 합니다. 우리는 명심해야 합니다. 하나님을 믿는 사람들의 인내의 열매는 온전하게 자란 하나님의 자녀, 한 영혼입니다.

Epilogue

피렌체의 멋진 풍광을 구경하려면 거기서 가장 높은 피렌체 두오모의 463개 계단을 올라야 합니다. 한반도를 눈아래 두고 싶다면 백두산 천지로 오르는 1442개 계단을 한 걸음 한 걸음 밟아야 합니다. 하늘아래 태산을 다 오르려면 7412개의 계단을 밟아야 합니다. 뉴욕의 안개 낀 멋진 풍광을 발아래 두려면 엠파이어스테이트 빌딩의 1576개 계단을 올라야 합니다.

그렇습니다. 엠파이어스테이트 빌딩을 힘들게 계단을 통해 오를 필요는 없습니다. 매년 그 빌딩에서 열리는 계단 오르기 대회에 참여하는 것이 아니라면, 엘리베이터를 이용하는 것이 빠르고 편합니다. 뉴욕과 같은 도시의 가장 높은 곳에 올라 그 요지경 세상을 구경하기 위해서는 계단 보다는 엘리베이터를 이용하는 것이 효율적입니다. 계단 오르기보다 엘리베이터 이용하기는 우리 세상이 선호하는 가치가 무엇인지를 제대로 보여줍니다.

현대사회는 당연히 신속함과 효율성을 선호합니다.

하나님을 신앙하며 종교적으로 바르게 사는 일마저 신속함과 효율성을 중요하게 여기는 시절입니다. 부르심, 믿음, 사랑, 소망 그리고 인내의 단계를 거치며 궁극의 한 영혼을 결실로 얻는 일은 시대의 효율성 요청에 대한 과감한 도전이고 용기 있는 인생 전환입니다. 인생의 어떤 의미 있는 것을 결실로 얻기 위해서는 계단으로 돌아가는 것도 옳습니다. 오르고 얻고자 하는 것이 돈과 쾌락과 권력이 아닌, 온전함과 한 영혼, 그리고 하나님의 나라라면 지금이라도 엘리베이터에서 내려 돌아가는 계단으로 가보아야 합니다. 거기서 우리는 신속함과 효율성으로 맛볼 수 없는 인생의 참 '결실'을 볼 수 있습니다.